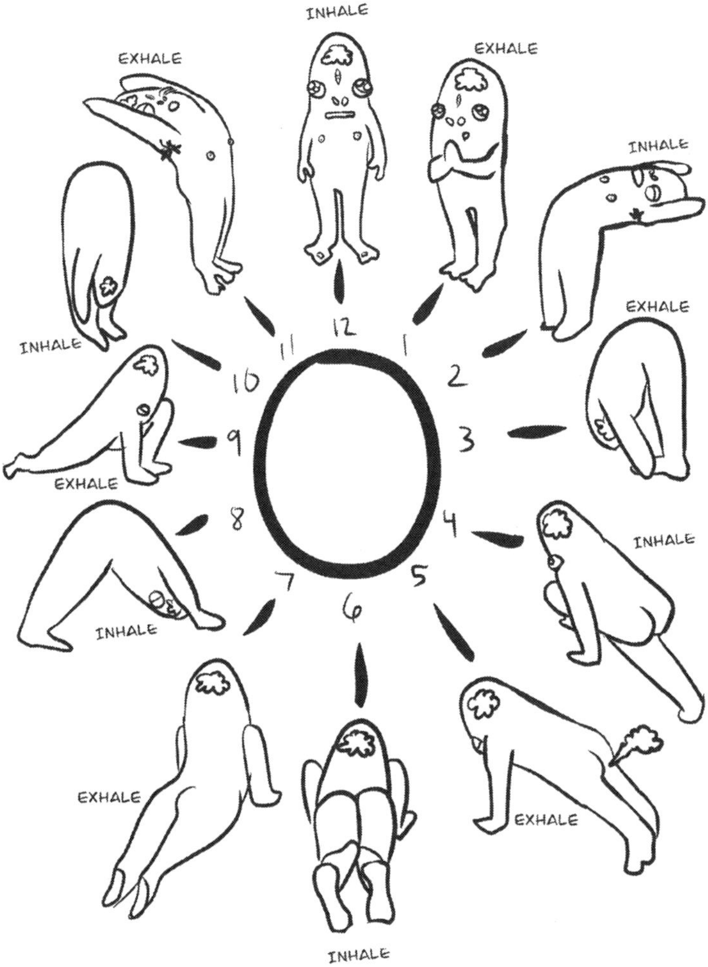
INHALE
EXHALE
EXHALE
INHALE
EXHALE
INHALE
EXHALE
INHALE
INHALE
EXHALE
EXHALE
INHALE
12
1
2
3
4
5
6
7
8
9
10
11

Rae Grand
www.raegrand.com

IMPORTANT THINGS TO REMEMBER:

- YOU CONSTRUCT YOUR REALITY

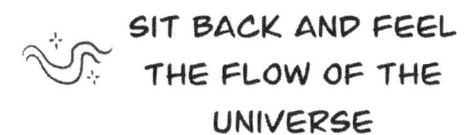

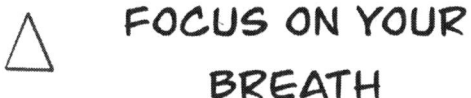

- THE UNIVERSE IS ACTIVELY ATTEMPTING TO GUIDE YOU

- SIT BACK AND FEEL THE FLOW OF THE UNIVERSE

- FOCUS ON YOUR BREATH

YOU ARE LOVED

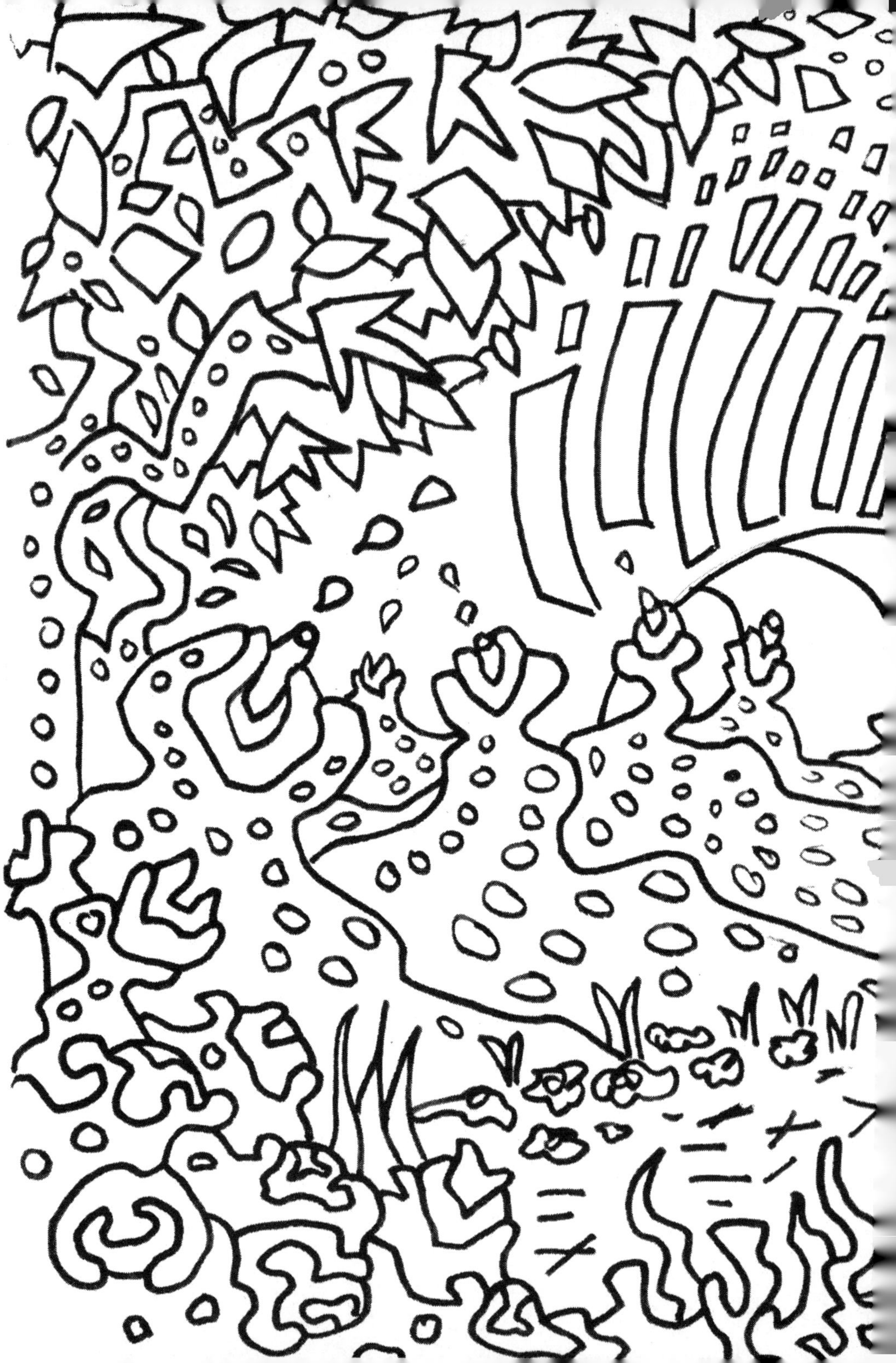

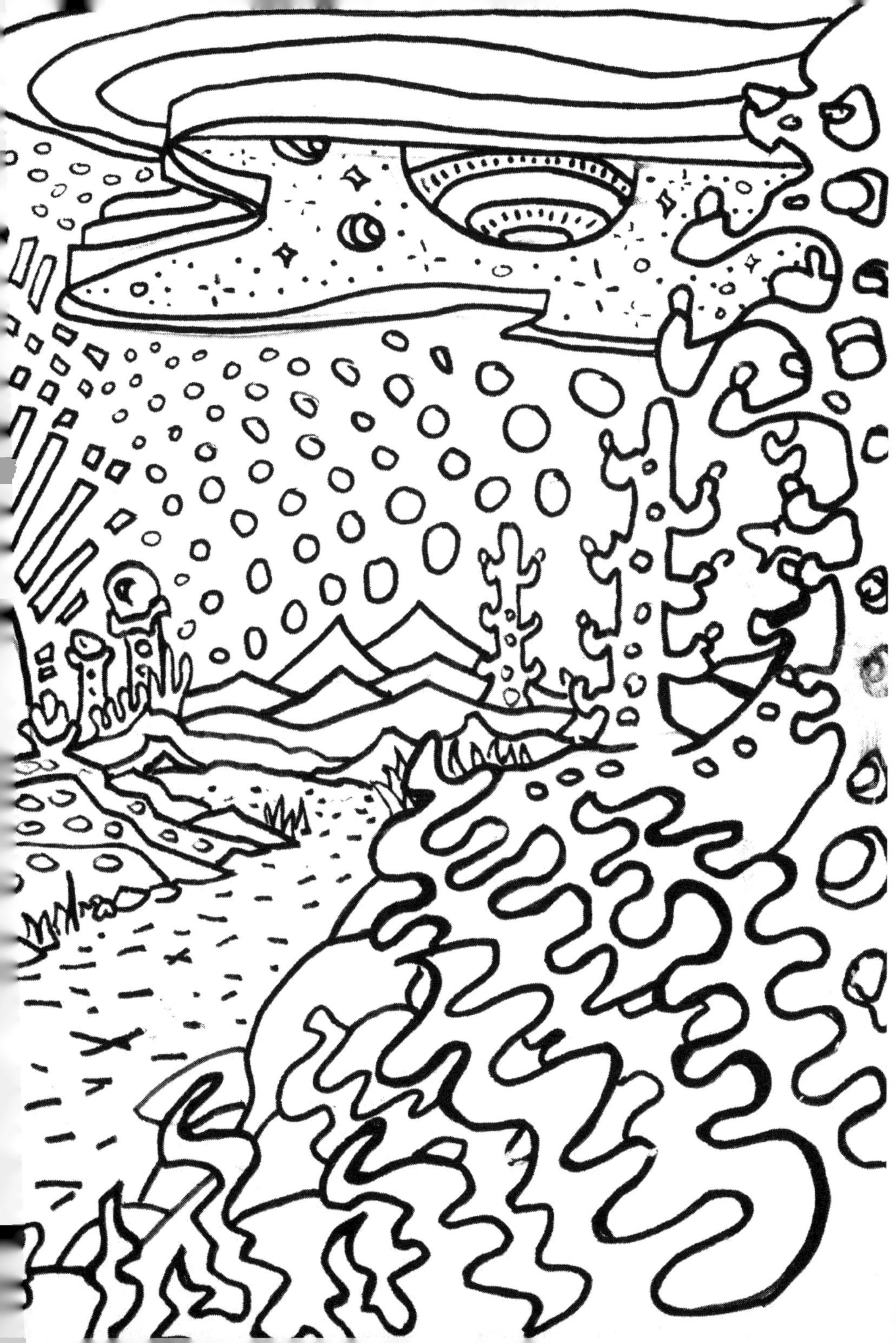

DATE __/__/__

DATE __/__/__

DATE ___/___/___

DATE ___/___/___

DATE __/__/__

DATE __/__/__

DATE __/__/__

DATE __/__/__

DATE __/__/__

DATE __/__/__

DATE __/__/__

DATE __/__/__

DATE ___/___/___

DATE __/__/__

DATE __/__/__

DATE __/__/__

DATE __/__/__

DATE __/__/__

DATE ___/___/___

DATE __/__/__

DATE ___/___/___

DATE __/__/__

DATE ___/___/___

DATE __/__/__

DATE __/__/__

DATE __/__/__

DATE __/__/__

DATE __/__/__

DATE ___/___/___

DATE __/__/__

DATE __/__/__

DATE __/__/__

DATE __/__/__

DATE __/__/__

DATE __/__/__

DATE __/__/__

DATE __/__/__

DATE __/__/__

DATE __/__/__

DATE __/__/__

DATE __/__/__

DATE ___/___/___

DATE __/__/__

DATE ___/___/___

DATE __/__/__

DATE __/__/__

DATE __/__/__

DATE __/__/__

DATE __/__/__

DATE __/__/__

DATE __/__/__

DATE __/__/__

DATE __/__/__

page 111** write your wishes and dreams on this page

DATE __/__/__

DATE __/__/__

DATE __/__/__

DATE __/__/__

DATE __/__/__

DATE __/__/__

DATE __/__/__

DATE __/__/__

DATE __/__/__

DATE __/__/__

DATE __/__/__

DATE __/__/__

DATE ___/___/___

DATE __/__/__

DATE __/__/__

DATE __/__/__

DATE __/__/__

DATE __/__/__

DATE __/__/__

DATE __/__/__

DATE __/__/__

DATE __/__/__

DATE __/__/__

DATE __/__/__

DATE __/__/__

DATE __/__/__

DATE __/__/__

DATE __/__/__

DATE __/__/__

DATE __/__/__

DATE __/__/__

DATE __/__/__

DATE __/__/__

DATE __/__/__

DATE __/__/__

DATE __/__/__

DATE __/__/__

DATE __/__/__

DATE __/__/__

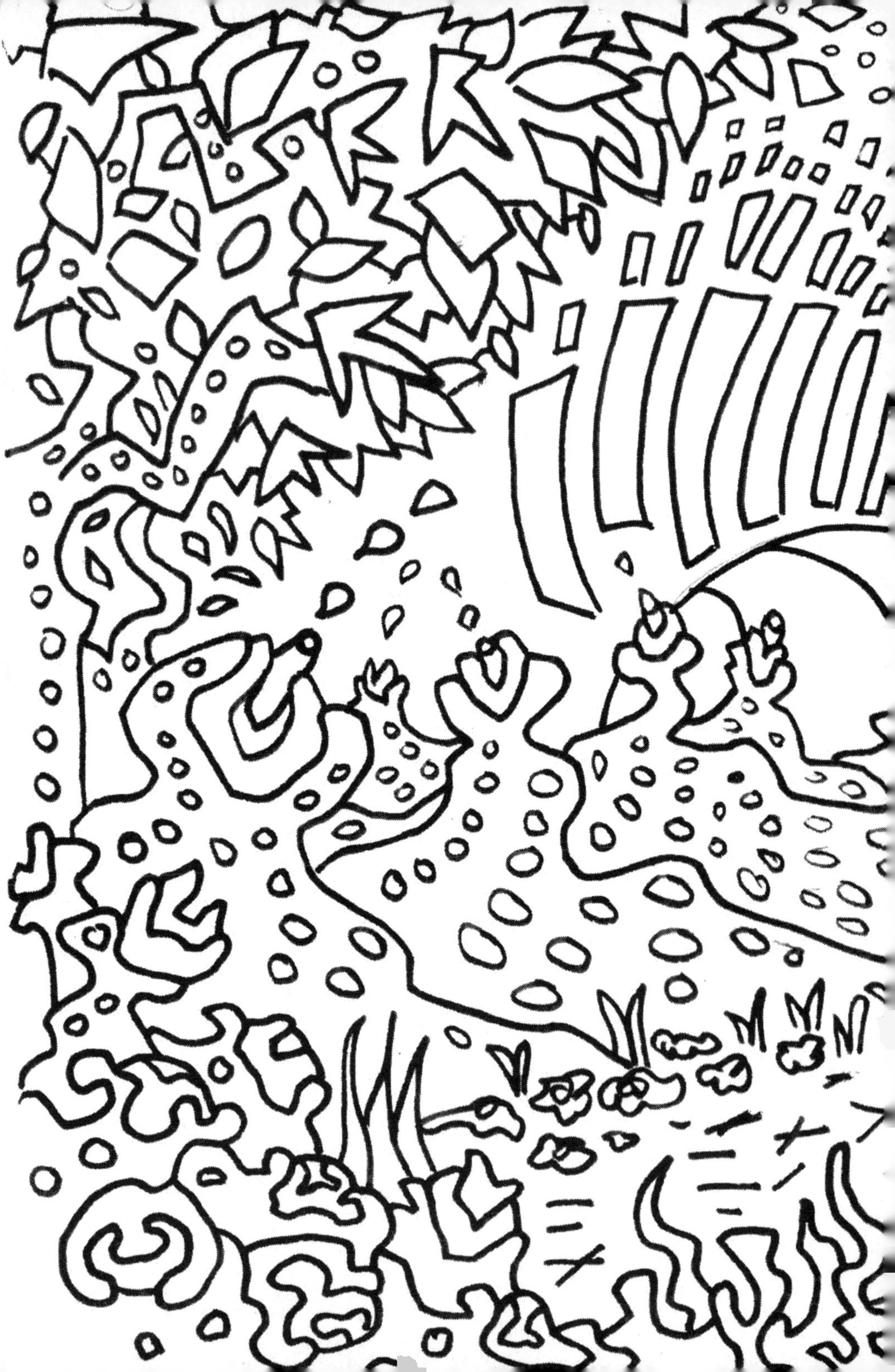

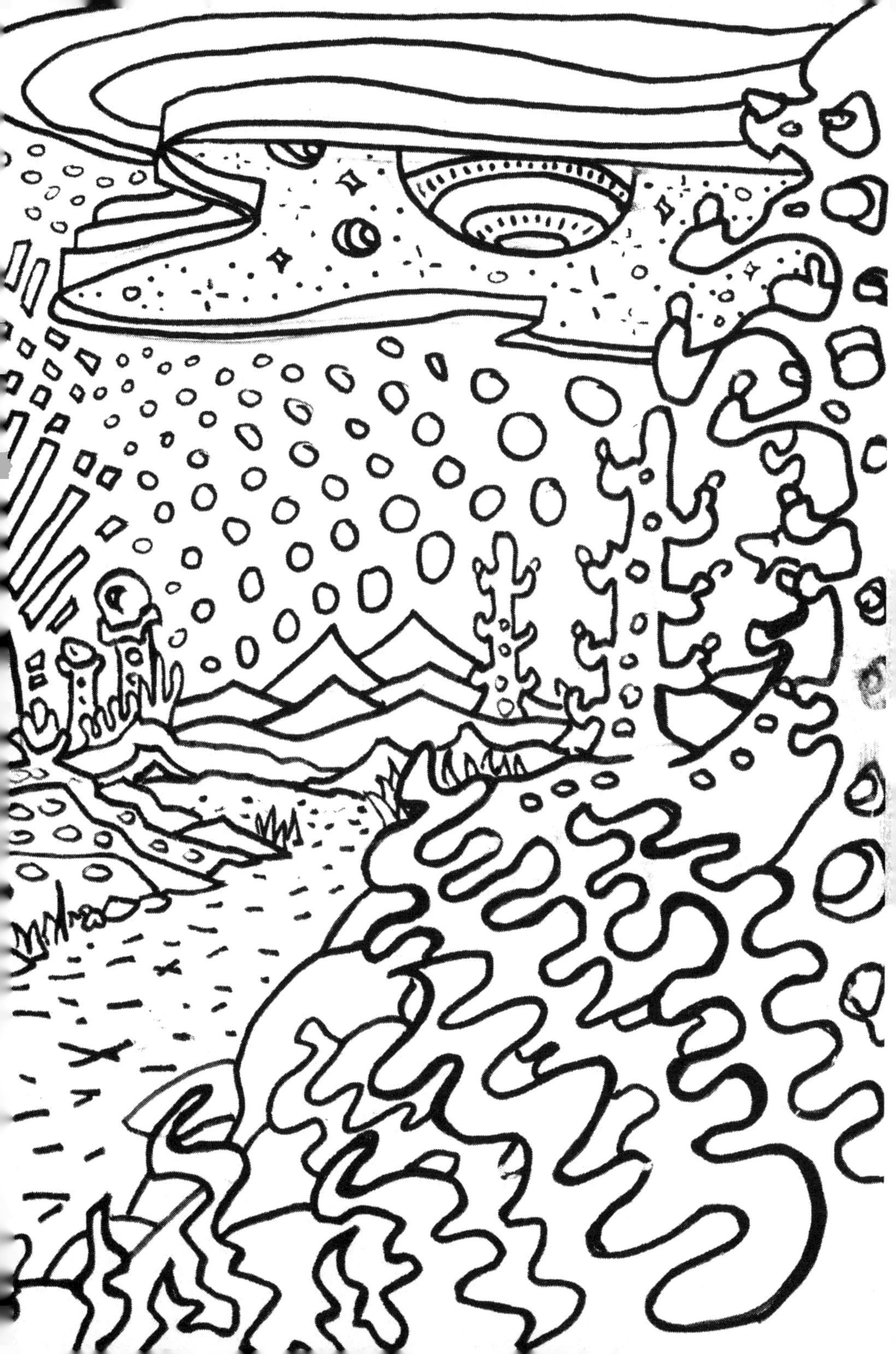

Rae Grand
www.raegrand.com

Made in the USA
Columbia, SC
17 June 2023